Para: ____________

____

De: ____________________

____

Alcance seus sonhos

LINDA ROBERTS

V&R Editoras

Há uma *verdade*
que você
precisa conhecer:

o futuro espera por você.

Acredite:

o melhor ainda está por vir.

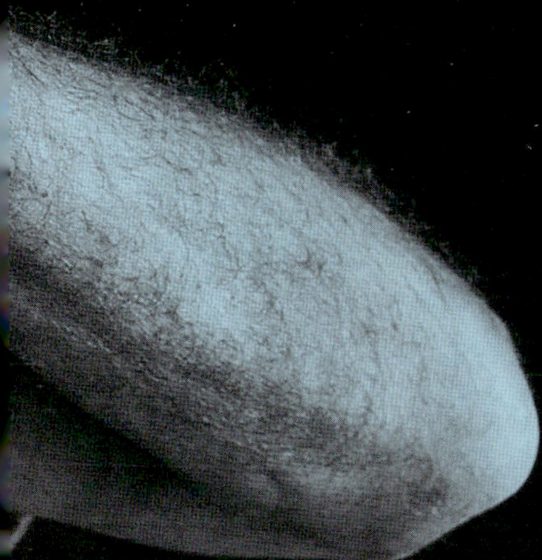

Trata-se apenas
de estabelecer
uma *meta*

e acreditar nela.

Você é mais **forte**
que todas as dificuldades
que possam surgir.

Para isso, existe
um só segredo:

*você deve ter fé,
deve confiar.*

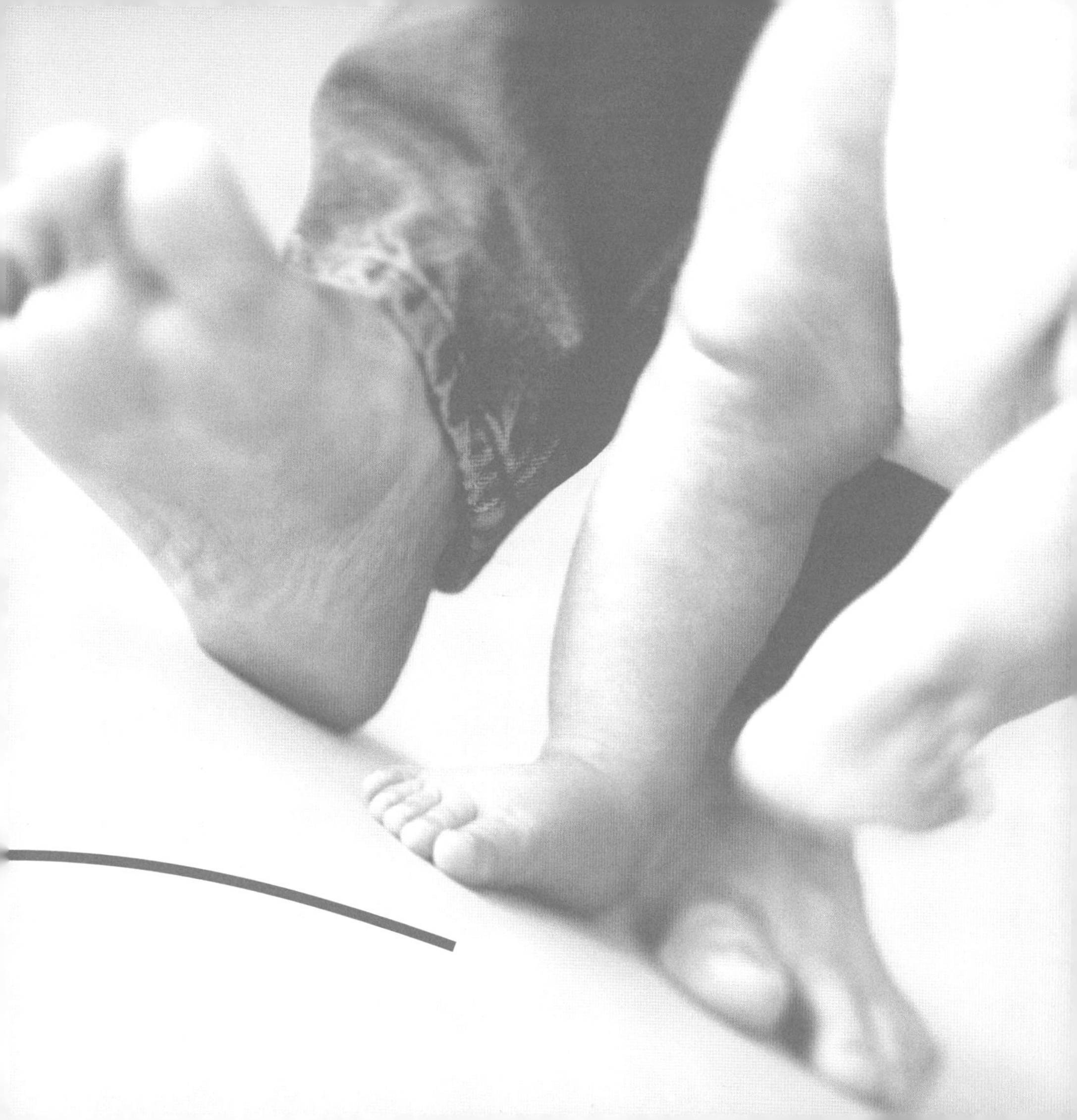

Confiar

em si mesmo,

na vida,

nas pessoas,

em Deus...

O poder
da confiança
é superior
a qualquer outro
que você tenha conhecido.

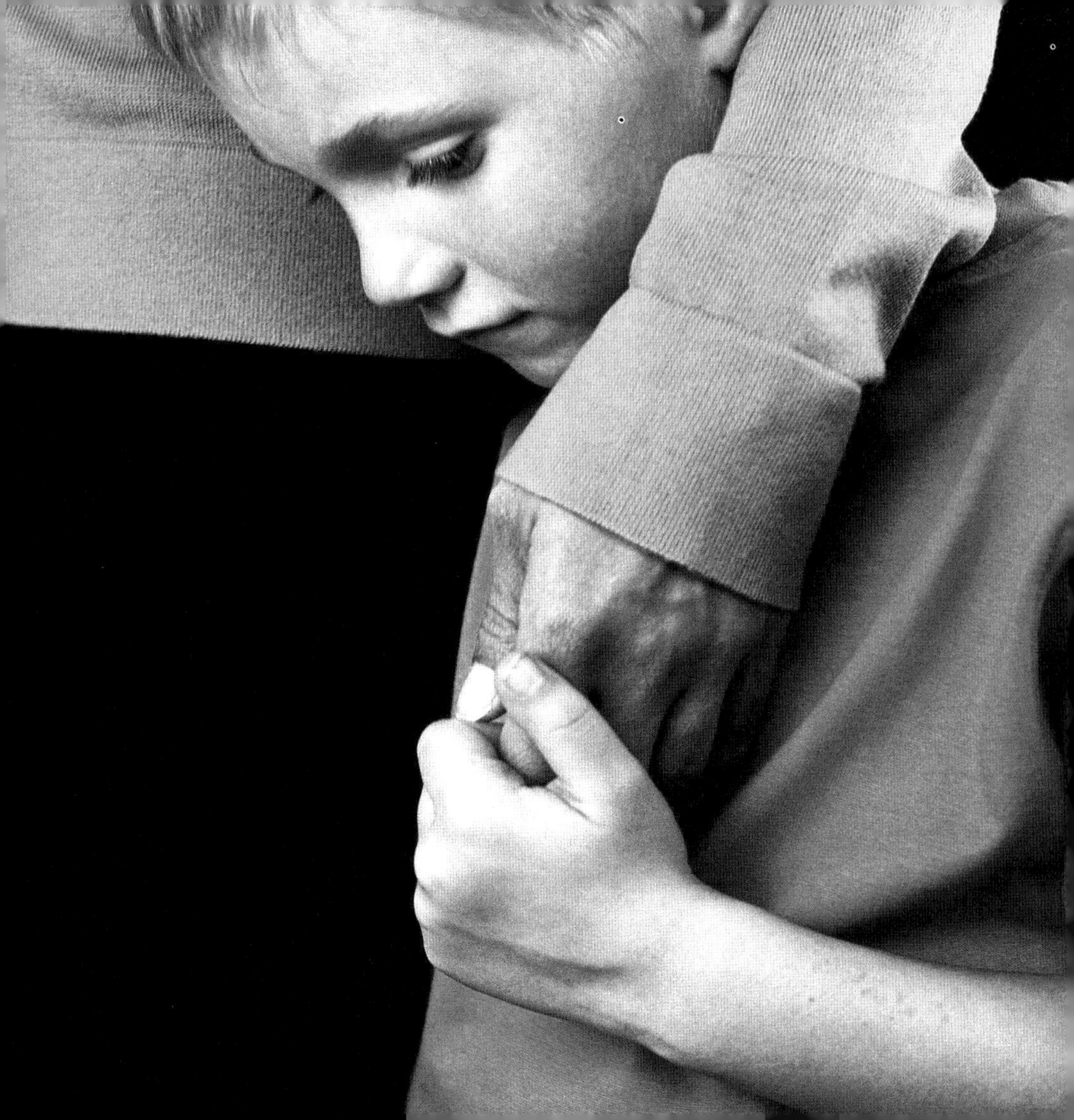

A *confiança*
lhe dá *segurança*
para *superar*
seus temores.

Ela lhe dá **força** para *lutar*.

Ela lhe dá **força** para *lutar*.

Ela lhe dá **força** para ***lutar*.**

Lhe *dá*

ânimo

para *não* se

render.

FRAGILE
FRAGILE

A **confiança** lhe dá aquilo de que você precisa para se transformar numa **pessoa vencedora.**

Todas as *pessoas de sucesso*
têm fé de que vão *alcançar*
suas *metas*.

Porque acreditam, podem.

E, assim, conseguem aquilo a que se propõem.

Se

tro pe çam,

voltam

a ficar de PÉ.

E, quanto mais caem,

mais alto se levantam.

Porque não importa

o que lhe aconteça,

mas

como você

reage diante

do que lhe acontece.

Não perca mais tempo.
Esqueça seus velhos temores.

Em seu interior
há um
desejo
intenso
que o impulsiona

a alcançar *seus sonhos.*

Encontre seu *objetivo*
e confie em sua *pontaria.*

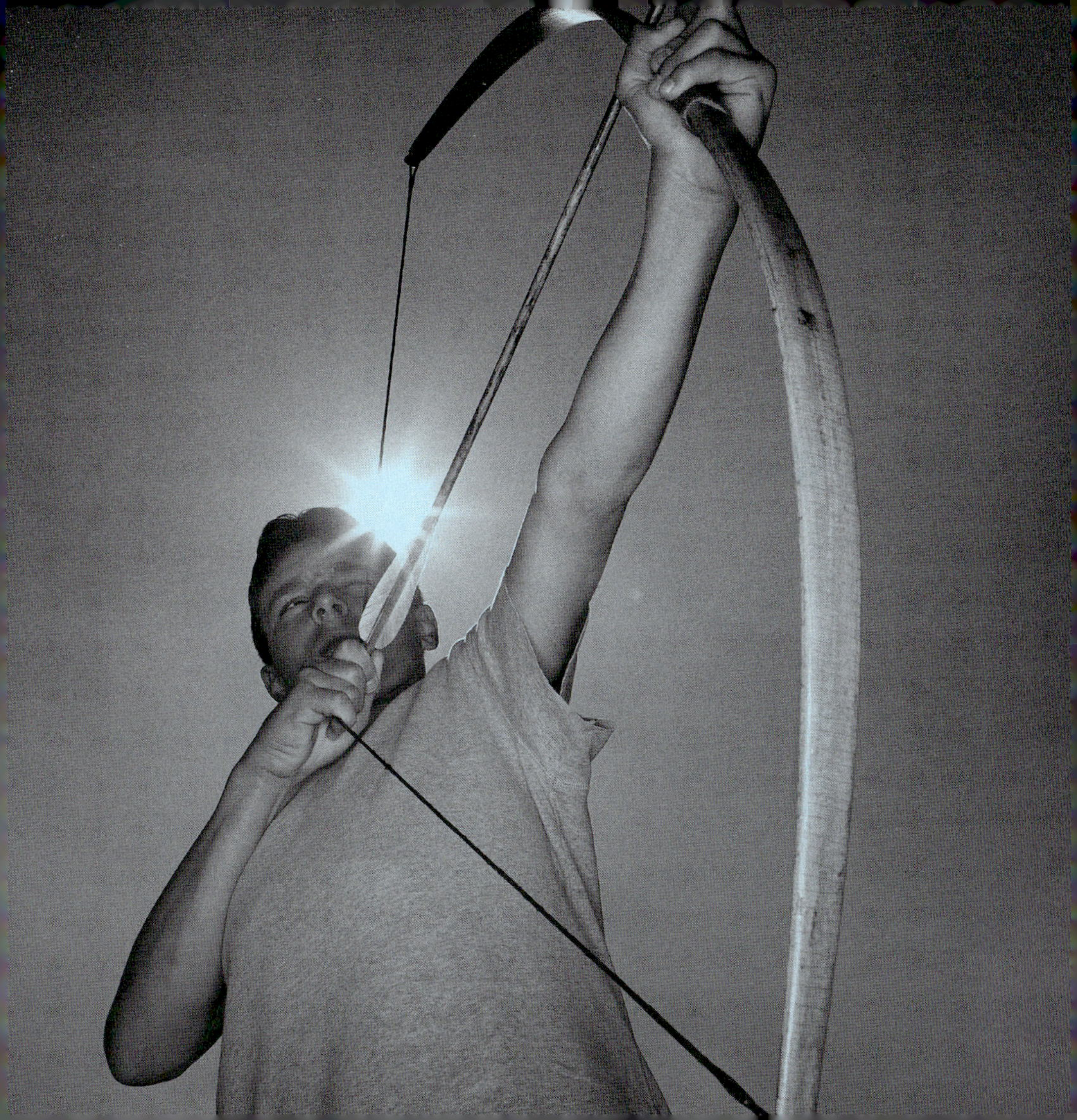

Se acreditar
em si mesmo,
atingirá o alvo.

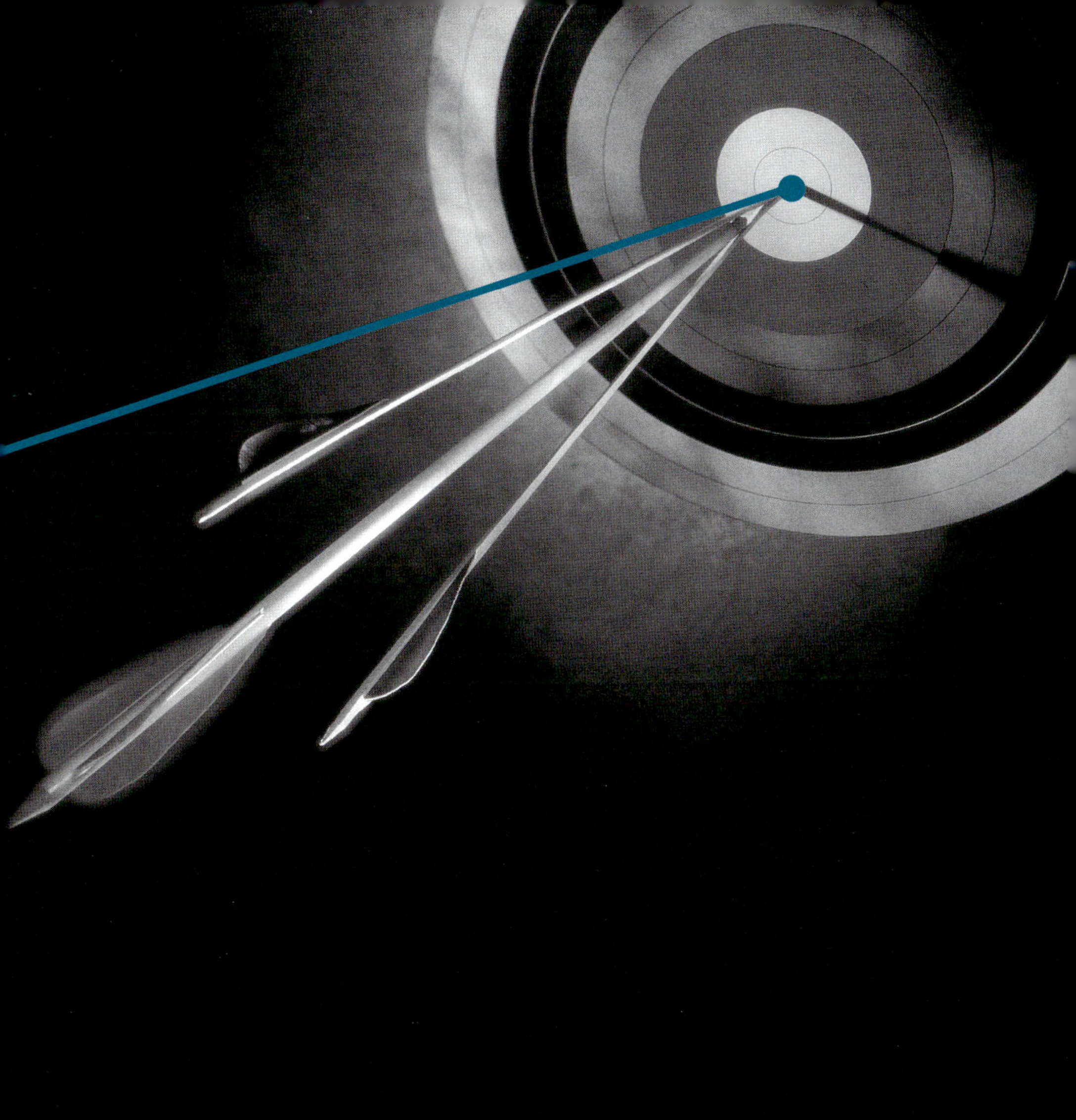

Busque
aquilo que deseja.

Vá atrás
de seus sonhos.

Porque, se você acreditar,

tudo

será possível.

O mundo

está nas mãos daqueles

que têm a coragem

de sonhar

e de correr o risco

de viver seus sonhos.

Paulo Coelho

Diretora de projeto editorial: Lidia María Riba
Diretora de projeto gráfico: Trini Vergara
Direção editorial: María Nazareth Alves
Direção de arte: Paula Fernández
Editora: Luciana Salgado
Assistente editorial: Marcia Alves · Preparação: Ana Luiza Couto
Capa: Tomás Caramella · Diagramação: Cristina Nogueira da Silva
Fotos: © Stone

www.vreditoras.com.br

Rua Capital Federal, 263 – CEP 01259-010
Bairro Sumaré – São Paulo – SP – Tel./Fax: (55 11) 4612-2866
editoras@vreditoras.com.br

ISBN: 978-85-7683-311-6

Impresso no Uruguai • Printed in Uruguai

Dados Internacionais de Catalogação na Publicação (CIP)
(Câmara Brasileira do Livro, SP, Brasil)

Roberts, Linda
Alcance seus sonhos / Linda Roberts. – Cotia, SP : Vergara & Riba Editoras, 2011.

Título original: Vive tus sueños.
Vários tradutores

ISBN 978-85-7683-311-6

1. Autoajuda - Técnicas 2. Conduta de vida 3. Confiança (Psicologia) 4. Poesia - Coletâneas 5. Realização pessoal 6. Sonhos I. Título.

11-05571 CDD-808.8

Índice para catálogo sistemático:

1. Sonhos : Conquista : Poesia : Coletâneas : Literatura 808.81

Sua opinião é muito importante para nós!

Escreva-nos um e-mail para opiniao@vreditoras.com.br
com o título deste livro no "Assunto".